Arrivant y m'ont vu cant...

ETRENNES TOURQUENNOISES ET LILLOISES,

Ou Chansons en vrai patois de Lille et de Tourcoing,

AVEC LES AIRS NOTÉS,

Par Brule-Maison et autres.

Quatrième Recueil.

A TOURCOING,

Chez le semen d'Carpes.

De l'Imprimerie de BLOCQUEL, à LILLE. — MDCCCXIII.

XXXXXXXXXXXXXXXXXXXX

ETRENNES TOURQUENNOISES ET LILLOISES.

CHANSON

D'un Tourquennois qui avot avalé une araignée en mengeant se soupe, et de quelle manière on l'y a fait sortir du corps.

Air : *Du chat géné*, noté n.° 1.

CANTONS unne canchon nouvielle,
D'un Tourquennois pour chertain,
Unne histoire des pu bielle :
Il a volu faire un bain de médecin,
De fachon nouvielle :
Den Tournai, Lille et Menin,
   N'y a nul si fins.

Du sujet je vous f'rai sage,
Mais y faut bien l'acouter;
Sen fieu revenant de l'ouvrage,
Un li apprêta pour dené du léburé,
Deven sen potage,
Un malheur l'y est arrivé,
    Vous le sarez.

Sen cœur faigeoit touque et touque
Deven che léburé bouli ;
Fort dru fageoit flouque, flouque,
Mengeoit à grosses louchies,
    Unne araignie
A quen deven s'louche ;
Il avoit si grand apetit
    Qu'il l'avalit.

Se mère tirant se casaque,
En digeant à che garchon,
Tôt vîte men fieu démaque,
Ta avalé du poison,
    Pauvre luron ;
Jamais telle attaque
Qui n'y eu den chel mageon
    Pour che garchon.

Tout chen qu'on a povu faire,
N'a point povu dégueulé,

Digeant, mon Dieu queulle affaire
Garchon te fora ti quervé,
    Tout désolé,
Que menchi à braire,
Chéroit dans tout le mason
    Désolation.

Chacun digeoit sen remède
pour récaper che garchon;
Li faut faire boire de liau tiède,
Pour délouffer sur le champ
    Dit maître Jean,
A tout cela je cède;
Donne le remède le plus grand,
    Pour me n'enfant.

Sen père dit l'affaire est clouque,
Vous savez qu'un araignie
Est arabié après des mouques,
Va t'en caché au fourni
    Et mettons-ly
Tout au bord de s'bouque,
Un verra bientôt sortir
    Chel araignie.

On approuve tous le rêve
Du Tourquennois bel esprit,
Un l'y a mis au bord des lèvres

Des mouques pour faire sortir
 Chel araignie ;
Y tremblot les fièvres,
Deven le corps sans mentir
 Al demeurit.

Al est trop avant au corps,
Chel araignie sans abus,
Sitôt un l'y a mis d'abord
Les mouques au trau de sen cu,
 Digeant bien pu,
Al fait des efforts,
Al va lanché dessus,
 Car je l'ai vu.

Y lorgnoient à sen derrière,
Chel biel curiosité,
Tout comme au trau d'une visière ;
Le garchon a fé un pé
 Deven leu né,
Y sont retirés arrière,
Tous les mouques épouvantées
 Sont envolées.

Tien veux-tu gagé Cat'laine
Qu'al est widié hors du corps,
Car il a fé un pé, de peine :
Nos garchon n'est point mort ;

Y parle encore ;
Ah ! queul bonne médechaine
Que j'ai là trouvé d'abord,
   Al vaut de l'or.

NOUVELLE MANIERE
DE VOLER

Inventée par un Turquennois.

Air : *De l'araignée, ou du chat géné*, noté n.° 1.

Je digeois de n'pu faire une sorte
De quianchons de Tourquennos ;
Mais le colère m'emporte,
D'en canter encor unne fos ;
   A haute vos,
Comme un coeurre la poste,
Depuis peu den che l'indros,
   Sont bien adros.

Un jour un postillon passe,
Par Tourcoing criant haut, haut,
Dit a l'autre qu'il étoit lasse,

Donne à boire à men quevau,
    Plein un séau,
Car y faut qui fache
Le quemin d'Ath en Hainaut
    Je plains se piaux.

Un Tourquennois dit bien vîte,
En entendant chés raigeons,
Je gagerai d'courir pu vîte,
Sans quevaux et sans bâton,
    Qu'un postillon,
Pour servir de guide,
Je sais un secret bon et biau,
    Pour voler haut.

Si tôt ils ont fé en hatte,
Unne gageure pour chertain,
De porter de Tourcoing à Ath,
Unne lette écrite à le main,
    Et faire le quemin,
En volant bien rade,
Du Turquennois bien malin,
    V'la chi l'dessin.

Il a loyé avenc peine
A s' zépaules à fachon,
Des grands vans, chose certaine,
A monté sur unne mason

Pour vire de long,
De zailles de poules d'inde,
A loyé à ses talons
　　　Pour volez long.

Ses deux vans faigeoient flique
　　　flaque,
S'appretto pour voler haut,
Dis adieu à son frère Jacques,
Je m'en vas deven l'Hainaut,
　　　Fit un grand saut,
Deven le puriau de vaque,
A bien queu soixante pieds d'haut,
　　　Jusqu'à s' n'attriaut.

Y crioit miséricorde
Quand qui sa vu enfoncé ;
Un a venu avec escorte,
Afin de le retirer,
　　　Tout eppeuté,
Aveuc des cordes,
Sans cha arot trépassé,
　　　Tout imberné.

Il a juré toute en rage,
Quand qui sa vu rassaqué,
Que l'diale importe l'volage,
Et ch'ti qui m'a consillié

Qu'un peut voler
Aveuc des pleumages ;
Je vorois qui seros brûlé
Et étranné.

LES AMOURS

DE QUERTOFFE,

Frère du Marchand de Bren.

Air : *Tourne, m'en cariot, tourne.*

Bon jour belle Zabette,
Je sus venu drochi,
Pour parler d'amourage,
D'un amour si grande ;
Belle si vous ne voulez nen
J'en mourrai de dépit.

LA FILLE.

Tu vas vite à l'ouvrage,
Tu t'écauffe trop fort,
Dites-moi sans ombrage

Le nom de votre village,
Il faut, comme chacun sait,
Connaître avant d'aimer.

LE GARÇON.

Belle, si faut vous le dire,
Men nom et me demeure,
Je m'appelle Quertoffe,
Grand Colas ché men père,
Et mi je sus sen fieu.
Je demeure à Tourcoing.

LA FILLE.

Quoi ! est-ce vous Christophe !
Renommé dans Tourcoing,
Ce gros marchand d'étoffes,
Qui a les milles en coffre ?
Mais voilà du bon bien ;
Allez, vous n'aurez rien.

LE GARÇON.

Quoi s'rit-vous si rebielle
Que de refuser l'amour
A un cœur qui grenotte
Tout comme de le char de vaque.

Je sns venu drochi,
Nous marierons à deux.

LA FILLE.

Bête je te répète
Que j'aime mieux rester
Fille sans amourette,
Que d'avoir une bête
Si mal nourrie que toi,
Retire-toi de moi.

LE GARÇON.

Quoi! vous êtes si glorieuse?
Wetiez Marie fière trau,
Avec se bielle houlette;
Monsieu vant mieux que Mam'selle,
Prenez garde à men poing,
Je te barai un cot de pied.

BRULE-MAISON

Se fait arrêter comme espion, passe par Tourcoing, et l'on fait accroire aux Tourquennois qu'il sera pendu le lendemain sur la place de Tournai.

Air : *De Joconde*, noté n.° 4.
au 3.me Recueil.

Venez entendre une chanson,
Remplie de complesanche,
Des Tourquennois et Brûl'-Maison.
Et d'un parti de Franche ;
Arrête-là, m'ont dit d'abord,
Le fusil en balance,
Di nous a tu un passe-port
De queuque Ville de France ?

Aussi-tôt j'arrête mes pas,
J'ai dit rempli de buse,
Ma foi, Messieurs, je n'en ai pas ;
Voulant faire mes excuses,

Je suis un vendeur de canchon,
Par les bourgs et les villages :
Pour avoir un passe-port ben bon,
J'ai trop peu de gagnage.

Le sou-partisan grand garchon,
Me dit d'humeur gentille,
N'aiche-point ti Brûle-Majon
Que te cante den Lille ?
Si-tôt je li déclare le vrai,
Oui-dà ché mi-même ;
Il faut venir deden Tournai ;
Lors je venois tout blême.

Un autre dit à haute voix :
Va, va, n'eut point de crainte,
Chez pour vir si les Tourquennois
De ti feront des plaintes :
S'il est vrai qu'il te haïtent tant,
J'en veux vire l'expérience ;
Fait semblant, dit le partisan,
D'être en pau en dolence.

Si-tôt m'ont mené sur che point,
D'Halluin par le village,
Passer à travers de Tourcoing ;
Arrivant au bourgage,
Si-tôt ont crié tout de bon,

Avanche, avanche, avanche,
Venez tertous vir Brûl'-Majon,
Pris d'un parti de Franche.

Che parti pardeden Tourcoing
A ben resté deux heures,
Pour demander, n'en doutez point,
A rafraichir leu cœur.
Veant que j'étois ben gardé,
Par quatre Mousquetaires;
Après m'avoir tous ravisé,
Va-t'y mal à z'affaires?

Le partisan dit sans fachon,
Si vous volé l'apprendre,
Nous l'avons pris pour espion,
Et nous le ferons pendre :
Il a fé des canchons, pour vrai,
Dessus nous à la guerre;
Venez demain deden Tournai,
Y f'ra un saut en l'aire.

Les Tourquennois si-tôt ont dit,
D'unne maine arrogante,
Il en a fé sur nous aussi
Pour le moins ben quarante :
Chest eun' douche mort d'être pen-
    du,

3

Y mérit' davantage ;
Y doit êtr' brûlé u rompu,
Seul'ment pour no Bourgage.

Si manque cum'crox pour être rom-
　　　pu,
L'un dit j'donnerai eune herche,
Nous li intasserons un dent d'ven
　　　l'cul
Pour taper j'donnerai l'perche ;
L'aut' dit je barai un licot ;
Mi l'gibet, dit gros Jacques,
Et mi pour l'brûlé, les fagots,
Quand j'devrot vende m'vaque.

Les soudars et le partisan
Ont quemenché à rire ;
En digeant vous êtes ben méchant,
F'rez-vous cha comm' à l'dire :
Me awis, répondit Michaut,
Dit en venant tout blême,
Car si ni avoit point de bouriau,
Je l'pendrois ben mi-même.

De plagi que j'étois tenu,
Pour finir me carrière,
Ils ont fait mettre sur le cu,
Ben trois rondell' de bierre.

De temps en temps on me donnoit,
Pour arrosé mes lèvres,
Djeant pour le dernière fois,
Bois-en tant que ten crève.

Je leu ai dit par soumission,
Mais d'un' humble parole :
Messieurs, je vous demand' pardon
De toutes les frivoles
Que j'ai fait en ma vie sur vous ;
Je vois qu'il faut me rendre ;
Ont dit : nous te pardonnons tous,
Puisque l'on va te pendre.

Le partisan m'a fait loyé,
Tout comme un criminel,
Jusqu'à temps que j'arois quitté
Mes ennemis mortels :
Dit aux Tourquennois d'un cœur
    gai :
Venez demain en bende,
Deden le marqué de Tournai,
Et vous le verrez pende.

Nous n'avons warde d'y manqué,
Pour vir' che biau che-d'œuvre ;
Che parti en m'ayant mené
De Léers à Templeuve,

Aussi-tôt m'ont dit, Brûle-Majon :
Pour mériter ta grace,
Y faut qu'te nous fache eune can-
chon
De toutes leux grimaces.

Je me suis mis à composer,
Et un autre à écrire,
Et en deux heures de temps j'ai fet
Chelle canchon pour rire :
Ayant ben ri de che sujet,
M'ont laché à la brune,
Sachant bien qui n'auroient point
fet
Aveuc mi leu fortune.

Le lendemain, les Tourquennois
Sont venus, je vous jure,
Pour avertir tous les Lillois
Que ma mort étoit sûre :
Arrivant y m'ont vu canté
Au mitant de la place ;
Ils ont dit (non sans se fâché) :
Ce diale a fet ses farces.

CHANSON

Sur la misère de Brûle-Maison pendant le siège de Lille.

Air : *Du Coulon gavu.*

O Dieu ! qu'on voit de misère
Au temps d'à-présent ;
Il y a bien de mes confrères
Qui sont sans argent ;
Car moi, Brûl-Maison,
Je ne sais plus que faire,
Et pour chanter des chansons
Faudroit autant me taire.

Mais la raison qui m'engage
de chanter ici,
C'est de vous voir sans ouvrage
Et moi j'ai loisir.
Puisqu'on a tout le temps
De deviser en ronde,
Restez ici un moment,
Ne faut rien pour m'entendre.

Tant que ma bourse faut croîre
Etoit bien garnie,
J'ai toujours bien été boire,
Mais tout est finie;
Et si vous m'achetez
Pour une pinte boire,
C'est comme si vous tiriez
Une ame du Purgatoire.

Si je demande à ma femme
Pour boire quelques coups,
Elle me dit d'un ton infâme :
Je n'ai rien pour vous.
De lui dire des rigueurs,
Elle fera monter l'orage,
Car une femme en fureur,
C'est comme un tigre en rage.

Mais tout ce qui me console
Dans mon désarroi,
Il y a bien de ce rôle
Martyr comme moi,
Qui sont maîtres chez eux
Quand la femme se promène;
Mais quand elle est auprès d'eux,
Ils souffrent mille peines.

J'ai eu un secret du monde
Qui me convient bien ;
Moi, quand la mienne me gronde,
Je reponds, *Amen*.
Tous les propos qu'elle dit,
Ce ne sont que sottise ;
Moi, sans me fâcher, je cri,
Ora pro nobis.

Je tiens un quart d'heure d'espace
Ce même propos ;
Tant que ma femme se lasse
Et ne dit plus mot.
Et pour lui faire voir
Que je n'ai point de rage,
Je fais le petit devoir
Qu'on doit au ménage.

La paix est dans province
Tout du même coup ;
Si tous les Rois et les Princes
Faisoient comme nous,
Il n'y auroit pas ici
Une si forte guerre :
Cela passe mon esprit,
Chacun sait ses affaires.

Il y a bien trois mois d'espace
Que je n'ai chanté ;
L'endroit que l'baleine passe
Est tout enrouillié.
Et c'est pour l'éclaircir
Que je fais cette harangue ;
Pour un peu entretenir
La voix et la langue.

LE TOURQUENNOIS

Qui, pour avoir des carpes, en a semé les croques.

Air : *De l'Araignée*, noté n.° 1.

Un Tourquennois va à Bapaume,
Allant au marqué au filet,
Rev'nant pal porte Notre-Dame,
A vu des carpes nager
    Den les fossés ;

Non, de vivant d'homme,
N'avois vu tant de pichons
   Si gros et longs.

Le parole li écappe,
Se véant émerveillé;
Y mesanne que ché des carpes;
Quement peut-on vir nager
   D'ssus un fossé
Tant de si bielles carpes?
Si j'en avois le secret,
   Je troi riche assez.

Un commis de chelle porte,
Répondit à che lourdaud,
Te n'as qu'à ôter les croques
D'unne carpe comme y faut,
   Mets-les d'ven l'iau;
Chaque grain rapporte
Un pichon fort grand et beau,
   Quand y fet caud.

Le Tourquennois à l'heure même,
Va au marqué au pichon,
Acatant à unne femme
Deux carpes trois pataçons,
   Che gros luron,

Et dit faut je semme
Tous les croques, d'un cœur gai ;
    Je vous dis vrai.

L'iau de no fossé est haute,
Il y fet froid tous les nuits,
L'iau de no puits est pu caude ;
Je les voi semer, Marie,
    Deven nos puits ;
Nous n'darons sans faute,
Grands tout comme de zenfans,
    Devan un an.

Lors y dit, che imbécille :
Pour le carême qui vient
Nous n'd'arons pus d'vingt mille,
Gros tout comme de zhenrengs :
    Queu bieau argent
J'en ferai den Lille ;
Je les vendrai par chens
    A tous ches gens.

Y quemandit à Cath'laine
De ne pus tirer de l'iau ;
Mais au bout de six semaines,
Et tirer plein des séaux.
    Che gros lourdaud,
En misère, en peine,

A tout vu les grains pouris,
    Venant du puits.

Sitôt a gratté à s'tiette
En bréant amèrement,
Considérant queulle perte;
Y regrettoi se n'argent
    A tous moumens.
A chel lourde biette
Pensoi de trouver au fond
    Des gros pichons.

LE QUEMIN DE TOURCOING.

Air : *De la découpure*, noté 2.

Volez-vous savoir unne canchon,
Garchons, femmes et filles
De tous les environs de Lille,
Volez-vous savoir unne canchon,
Mettez-l'en usage, chet une bonne lechon,
Vous rirez, vous rirez, vous rirez ben, Floureuce,

Je n'dai fet l'expérence,
Vous rirez, etc.
Accoutez-me ben,
Appliquez tous vos sens.

Un jour m'en d'allant à Tourcoing,
Sans savoir le route,
Y l'falloi quoiqu'il en coute,
Un jour, etc.
Sans savoir le route je voyois de loin,
Un petit, un petit, un petit quien
Et unne fillette
Qui étoit assez propette,
Un petit, etc.
Et unne fillette qui brontoi du fien.

Je m'approche d'elle avec soin,
Li digeant me fille, vous me paroissez gentille,
Je m'approche d'elle avec soin
En li demandant le quemin de Tourcoing ;
Vous irez, vous irez, vous irez là,
Me dit chel fillette, suivez les traces de m'brouette,
Vous irez, etc.

D'ichi à Tourcoing y va toudi
    comm' ch'la.

J'ai vu qu'ell' n'avoi nen menti,
Car depuis Linselles je l'avois ré-
    capé bielle,
J'ai vu, etc.
Car depuis Linselles n'y a un heure
    et demi;
Je trotoi, je trotoi, je trotoi fort,
Traverchant quians et pissente,
Je trotoi, etc.
Si ben qu'à la fin j'arrive à bon
    port.

Volez-vous aller à Tourcoing,
Garchons, femmes et filles
De tous les environs de Lille,
Volez-vous aller à Tourcoing
Sans savoir le route prenez bien
    du soin ;
Vous irez, vous irez, vous irez là,
Me dit chel fillette, suivez les
    traces de m'brouette,
Vous irez, vous irez, vous irez là.
D'ichi à Tourcoing va toudi comm'
    ch'là.

PRÉDICTIONS.

Air : *V'là d'bon foin*, noté n.º 3.

Pour tous les mos de l'eunée,
J'vois vous fair' des prédictions;
Accoutez vos destainées,
Et fait'z'y ben attention.
      I n'y a point
D'Almena pu véritables;
      I n'ment point.

En Janvier, le vent de bize
F'ra v'nir les roupi au nez;
Et cheus' qni cangeront d'quemige
Sentiront leu dos r'frodiés.
      I n'y a point, etc.

En Février, pour nouvielle,
J'vous annonce que vin vieux,
Bu en compani femelle,
N'porra point faire ma aux yeux.
      Il n'y a point, etc.

Au mos d'Mars, les court'haleines

Sentiront de l'embarras,
Et du fond de leu poitraines
Un p'tit chifflé sortira.
    I n'y a point, etc.

En Avril, les sourd'oreilles
Entendront mal aisément;
Et cheos' qui courront sans selle
A queva s'ront dorement.
    I n'y a point, etc.

Au mos d'Mai, dessus l'herbette,
Les bergères et les bergers,
En roncoulant leu musette,
Pens'ront à aut' cose après.
    I n'y a point, etc.

Pendent l'mos d'Juin, deux cornes
A la lone paroîtront,
Qui rendra les gens bien mornes,
Les sentant dessus leu fronts.
    I n'y a point, etc.

Les hétiques, au mos d'Juillete,
N'aront point grand appétit;
Un verra des cous d'houlettes
Aveuc des visag' bouffis.
    I n'y a point, etc.

Pendant l'Août pour merveille,
Bien des nogettes s'ront croquées.
Cheus' qui buv'ront à l'bouteille
N'aront point besoin d'goblé.
  I n'y a point, etc.

Si les pachell' en Septembre,
Ne sont point cueillées en tems,
Malgré l'sé, malgré l'gengembre,
Ell' pouriront pal' mitant.
  I n'y a point, etc.

Qui t'ra roste au mos d'Octobre,
C'htra pach' qu'il ara trop bu.
Ch'ti qui querra étant sobre
Sara ben relever sen cu.
  I n'y a point, etc.

En Novembre, queurera vite
Qui f'ra deux chen lieux par jour,
Et tout' les tartes seront cuites,
Quand qu'ell' s'ront brûlées au four.
  I n'y a point, etc.

Les femmes souffleront les bresses
En Décembre pou s'récauffer;
Et cheus' qu'ell' brûl'ront leu fesses
N'os'ront jamé les moutré.

I n'y a point
D'Armena pu véritable ;
I n'ment point.

L'AMOUR PARFUMÉ.

Air : *Tournes, men cariot, tournes*, noté n.° 4.

Venez, garchons et filles,
Apprendre à faire l'amour :
A cinq quarts d'heure de Lille,
Un amoureux habile,
Aveuque se bielle Zabiau,
Ont fé un tour nouviau.

D'eune mennière honnette
Buvant au rouge debout,
Ont sorti de l'cambrette,
Pour mieux tater à blaitte,
S'en vont tout laronnant,
Tous deux en pourmenaut.

Sont mis derrière le grange
Pour ne point être vus.

Li donnant des louanges,
Vous êtes bielle comme un ange :
Le fille dit à sen tour,
T"es pu biau que le jour.

Vous savé au village
N'y a des grands privés :
Un s'y met à se n'age
Et parderrière tout nage,
Et tant qui soiche plein,
Ché comme un magasin.

Pourléquant le bachelette,
I li pochot les mains,
L'agroullant par se tiette :
Lors chelle fille honnette
Le volant repoussé,
A queu den le privé.

I l'tenoit par se tiette
Pendant che moment là ;
Sans quitté le bachelette,
Tous les deux bieaux et nettes
Ont renversé dedeu,
Tout au mitan du bren.

Criant miséricorde,
Tous cheux du cabaré,

Véant che grand désordre,
Leu z'ont rué des cordes,
Et le z'ont retirés,
Tous les deux de ch' privé.

I se tenoint en peine,
De peur d'être noyés,
Colant, chose certaine,
Tout comme deux tartaines.
A-t-on vu de ches jours
De pus sales z'amours?

Jonnes filles du village,
Quand vous faites l'amour,
Soyé un pau pu sages;
Si un vous carasse ou bage,
I ne faut point allé
Si près de ches privés.

LA
FILLE MÉCONTENTE.

Air : *Chantons Lætamini*, noté
n.° 5.

Toudi êtes aveu s'mère,
Toudi le cœur saisi :
L'pu p'tite cose qu'un peut faire,
Aussitôt elle vous cri :
Cha n'durera mi doudi.   4 *fois.*

Pour mi je n'sé qn'men faire
Etant fille aujourd'hui ;
En souffrant i faut s'taire,
U si non, un vous cri :
Cha n'durera, etc.

Comme eune ante si j'veux faire
Pour encaché m'n'ennui,
Me mère toute en colère
Vient crier aprè mi :
Cha n'durera, etc.

L'soir, ayant fé m'n'ouvrage,
Si j'm'assis à nos hui,
Elle vient me faire tapage,
Me traitant d'étourdi..
Cha n'durera, etc.

Du soir si men compère
Vient m'vir dans nos courti,
Tout aussitôt me mère
Vient crier après mi :
Cha n'durera, etc.

Jour et nuit queu désorde!
Tout jusqu'à den men lit ;
Si enne puche m'vient morde,
Je m'gratte, et me mère cri :
Cha n'durera, etc.

Si m'en compère Jean-Pierre
Avot pitié de mi,
I f'ros mieux me z'affaires
Que me mère aujourd'hui.
Cha n'durera, etc.

J'iros d'ichi à Rome,
Pour avoir men plaisi.
J'aros pus quere un homme
Qu'enne mère qui toudi cri :
Cha n'durera, etc.

CHANSON

Sur un Tourquennois qui a acheté à Lille de le semence de sucre.

Air noté n.° 6.

Un Tourquennois sen va au chu‑
  quérier,
Li demande, quoiche vous vendez?
Je vends del semenche de chuque.
Du chuque un s'en léqueroit les
  dogts.   *bis.*
D'en l'été y vient tous les mos. *bis.*
  Doucque, doucque, doucque.

Le Tourquennois li répond aussitôt,
Baillé m'en pour tros lives de gros,
Baillième le pus rare,
Bailliem zen du dro et du tortu, *bis.*
Car j'ai envie d'en semer dru. *bis.*
  Doucque, etc.

Che Tourquennois s'en va à se mageon,
Raconté à se femme tout de bon,
J'ai del semenche de chuque.
Va te peut bien laiché-là t'en dentelé, *bis.*
J'te réponds qu'nous sommes riches assez. *bis.*
 Doucque, etc.

Che Tourquennois s'en va à sen courti
Arraché carote et radi,
Puns d'tierre, aussi beterave,
Des choux cabus, navets et rémolas, *bis.*
A semé s'en chuque à plein bras. *b.*
 Doucque, etc.

Le première pleuve qui a venu,
Sen chuque y étoit tout fondu,
Y gratoi à s'n'oreille ;
Y va dire à se femme tout ému, *b.*
V'là tout men courtillage perdu. *b.*
 Doucque, etc.

Ah ! si jamé que Brûle-Majon,
Repasseroit en che canton,

Ch'tro unne histoire ben drôle.
Den Lille et den tous les endrois, *b*.
Un parleroit de che Tourquennois.
   Doucque, etc.   *bis*.

PIERROT D'AMBRI,

CHANSON TOURQUENNOISE.

Sur un air connu.

Je vodros savoir Jean Martin, *bis*
Tout depuis que Miché Morin
Est mort ? Queu grand damage ? *b*.
Ché li qui faigeoit le zaffaires
Deden notre village.

Miché Morin étoi savant,
Mais nous n'davons un à présent
Qui n'est n'en moins habile,
Car y a unne voix, quand y cante,
Aussi claire qu'unne fille.

Si un a trouvé sen restor,
Un a donc trouvé un trésor,

Su la terre et su l'onde,
Miché Morin passoi encor
Pour le premier du monde.

Connoissez-vous Pierrot d'Ambri,
Aveuc sen petit capiau gris,
Y n'est mardi nen bête,
Ché li qui tend les ornemens
Des dimainches et des fiêtes.

Y sonne troi cloques au matin,
Unne à ses pieds, deux à ses mains,
Et ben d'autre z'entreprises ;
Jusqu'à les quiens de ses wigins,
Les cache hors de l'églige.

Un dit qu'il est savant docteur
Et qui a li Richard sans peur,
Aussi Robert le Diale,
Y seroi bon prédicateur,
Si en étoi capable.

Il est distillé en esprit
Et y boute sen nom par écrit,
Y sait canter sans peine,
Sans avoir appris le latin,
Tous les jours de la semaine.

Quand y tient l'armenac en main
Y vous dira les jours des saints,
Et y conte d'ven s'manche,
Y sait par cœur que le lundi
Arrive après le dimanche.

Que Monsieur d'Ambri est savant !
Y connoî tous les jours de l'an,
Chet un bon Magister ;
Y sait aussi que le printemps
Arrive après l'hiver.

Y va au village wigin
Drot sans demander sen quemin ;
Chet un terrible homme ;
Un jour y a eu le dessein
De s'en aller à Rome.

Si étoi parti en courant
Y seroit déjà ben avant,
Mais y est survenu de l'ouvrage,
Y a remis deden chent ans
A faire che grand voyage.

Quand y sera revenu on en aura des nouvelles.

CHANSON

D'unne Tourquennoise et de s'n'homme, qui se sont tous les deux enrostés.

Air : *Etant un jour au fourbou del' Madeleine.*

Les Tourquennios
En font toudi des bielles,
Ben fraîches et nouvielles,
Un sait ben tretous
Qui sont à mitant fous ;
Car gros Franchos
Aveuque se femme Zabette,
Rostes comme des biettes,
Ont fet un biau tour,
A en rire pu d'un jour.

Par un matin
Zabette, brave et fière,
Venant de l'Marlière,
Pour boire unne fos,

Entre à le Rouge-Cros,
Elle a tant bu
De brandevin d'anisse,
Qu'elle en fut si grise,
Deden che tracas
Elle queot pas à pas.

Buvot sans fin
Chelle boisson trompeuse,
Zabette joyeuse
Buvot tout d'un trez
Chaque demi-potée :
Elle en a bu
Au moins pour quinze livres,
Tant qu'elle en fut ivre,
Elle a ben et biau
Deslouffé comme un viau.

Deden se majon
Un a ramené Zabette,
Sur unne bronette,
Elle se met à l'instant
Den le berche de l'enfant ;
Mais gros Franchos
En arrivant sur l'heure,
L'a berché deux heures,
Tapot sur sen dos,
Digeant faite dodo.

Ayant dormi
Deux heures, elle se réveille
En grattant s'n'oreille ;
Elle s'écrie à l'heure :
Que j'ai ma à men cœur !
Va, va, Franchos,
Va querre nnne gouttelette
Pour refaire me tiette,
L'Rouge-Cros n'est point long,
Un en vend du si bon.

Alors Franchos,
Pour plaire à se marotte,
Il quenrre et se trotte,
Etant arrivé,
Il en but un bon trez ;
Ah ! qu'il est bon,
S'écria-t-il de même,
Je ferai comme me femme ;
Apporte un grand pot,
Je veux boire tout men sot.

Pour deux écus
Il en but sans rien dire ;
Mais il fit bien pire,
Arrivant den s'majon,
Roste comme un cochon,
Tout basainnant,

Un grand pas il allonge,
Y qué den l'esponge,
U qui s'endormit,
Croyant ette den sen lit.

En chanquillant,
Y dormot comme un Loire;
Il a queu, faut croire,
Le nez jus du blo,
L'esponge sur sen dos;
Zabette alors
Véant chelle bielle ouvrage,
Queurre au viginnage,
Digeant : v'nez tretous,
M'n'homme est queu l'panche de-
  zou.

Tous les vigins
Ont répondu : vous êtes
Pus souls que des biettes;
De vous enivré
Nous v'là déshonorés;
Vous savez ben
Que les quianteux de Lille
Sont fins et subtils,
Y quianteront partout
Des quianchons dessus nous.

L'ÉLOGE

DES

OISEAUX DE TOURCOING.

Air connu.

Hé de tous les ogiaux,
Nu n'oserot dire mot ;
Il n'y a rien d'si joli
Que che compère loriot ;
A un si beau pleumage,
Quand on le tin den se main,
Qu'on ne l'oserot norir
Qu'tout au parin blanc pain.

Il n'y a rien de si sot
Que che bec-bos,
Il quitte se femeille
Pour aller au bos ;
Et quand il vint den che bos
Il s'ajoque drot là,
Il carne, il carne, il carne,
Il se carniche là.

Et c'est ce gros mouviar,
C'est un si grand criard,
Mais pour faire sin nid
Il n'atin nin trop tard,
Car au mos de janvier,
Fâche aussi frod qui veut,
Pour li couver ses heux,
Il fait du mieux qui peut.

Et c'est chelle cardonnette,
Si belle et si proussette,
Qu'elle fait toudi sin nid
Au soir à le brunette,
Car elle n'oserot mi,
Le faire au-deven des gens ;
Aussitôt qu'on le vot,
Aussitôt qu'on le prend.

Et c'est ce petit tarin,
Tout timpe du matin,
Qui cante trelintintin,
Au bout de not gardin ;
Il est si reveleu,
Pour pouvoir l'attrapé
Il faudrot sur se queu
Pouvoir mettre du sé.

Et c'est ce gros mouchont
Qui fait sen tour tout rond,
A canne et à cannette
Autour de nos majons;
Mais si c'est des grelins
On les laisse involé;
Mais si c'est des gros becs
Ils sont ben estémés.

CHANSON

Sur le grand voyage de Lille à Douai, par la Barque, qu'ont entrepris plusieurs garçons de Lille, et les grandes raretés qu'ils ont vues.

Par BRULE-MAISON.

Air: *Un jour étant à la débauche.*

AYANT envie de voir le monde,
Ayant dessein de tout risquer,
Sans craindre les flots ni les ondes,

J'ai résolu de m'embarquer,
En l'année vingt-trois d'abord,
Remarquant le quantième,
Nous nous sommes trouvés au port
Des îles de Wazemmes.

Résolus de faire le voyage
Pour aller à Douai tout droit,
Nous étions pour tout équipage,
Une douzaine de Lillois.
Tous gens de cœur pour le vrai,
Sans craindre terre ni l'onde,
Pour aller voir dedans Douai
Toutes les nations du monde.

Dedans le coursier de la Deûle,
Aussitôt nous sommes embarqués,
Laissant toutes nos familles en deuil
En les quittant au Savetier ;
Au troisième coup de canon
De la cloche fatale,
Nous nous sommes rangés tout de
    bon
Dedans le fond de cale.

Les soupirs, les sanglots et larmes
De nos amis et nos parens,

Pour nous ce n'étoit que des char-
    mes,
Quand nous vîmes les voiles au vent;
Nous traversâmes les vaisseaux,
D'une ardeur nouvelle,
Tant que nous fûmes en train sur
    l'eau.
Derrière la Citadelle.

Nous fûmes droit à la redoute
Nommée le Pont de Canteleux;
Par trois coups de cloche on écoute :
Nous sommes partis de ce lieu
Droit à la Planche à Quesnoi,
Allant de grand courage,
Nous avons passé ce détroit
Sans faire de naufrage.

J'avons passé sans épouvante
Les îles, les rivières et les bois,
Et la terre multipliante
Des promenades des Lillois,
Et le pont de Los pour certain,
Traversant le dimanche,
Arrivant au pont d'Haubourdin
Dedans la terre franche.

De la vue de Beaupré gentille,

Côtoyant les bois d'Haubourdin,
De la rade des belles filles,
Nous fûmes au bac à Wavrin;
Et delà nous fûmes tout droit
Traverser les Ansereuilles;
Nous avons passé ce détroit
Sans craindre les écueils.

Notre navire traînant sur sable,
Nous arrivâmes au pont de Don,
Où l'on voit l'écluse admirable,
Des moulins, machines aux poissons;
Nous admirâmes en cet endroit
Les raretés du refuge,
Quand on nous a montré un bois
Inondé du déluge.

Ayant monté notre Tartane,
Grand changement avons trouvé,
Comme de la mer Océane
A la mer Méditerrannée;
D'un creux canal et belles eaux,
Nous fûmes plus cancres,
Arrivant au pont de Berclau,
Nous avons jeté l'ancre.

Nous vîmes la barque des Dames,
A l'arrivée de la Bassée;

Pour pilote elles ont une femme
Qui sait naviguer et dresser :
On a chargé et déchargé
Plusieurs ballots de toiles,
A midi et demi sonné
Nous remîmes à la voile.

Passant, regardant sur la droite,
J'avons vu de nos propres yeux
L'endroit de la grande défaite
Par les habitans de ce lieu.
Sur des barques et petits bateaux,
Tous ces cœurs martials,
Ils ont fait au milieu des eaux
Un grand combat naval.

On découvre des îles suivantes,
Où le peuple est moins blanc qu'un
  œuf ;
Ces endroits sont des terres brû-
  lantes
Qu'on en pourrait rôtir un bœuf :
Ces gens-là sont demi-marins
Qui bordent la rivière,
Car ils se tiendroient pour certain
Dans l'eau un jour entier.

Bien la moitié vivant de pêche,

Car ce sont des loutres aux poissons,
Dans des maisons comme des crè-
    ches,
Brûlant la terre pour la façon ;
Delà au bac de Meurchin,
Où tout le peuple abonde ;
Plus bas on découvre Carvin,
La plus belle tour du monde.

Au rencontre de l'autre barque
Qui s'en alloit d'où nous venions,
Leur cloche nous donnant des mar-
    ques
Qui leur manquoit des provisions,
Nos deux vaisseaux sont amarés,
Prenant des choses utiles,
Nous les avons ravitaillés
Pour aller jusqu'à Lille.

De l'autre côté quand j'y pense,
Où il s'est fait tant de fracas,
On voit la belle plaine de Lens
Et la tour où volent les chats,
Là où il s'est fait tant d'efforts,
Près de cette anticaille,
Bien trente mille éperons d'or
  Gagnés après la bataille.

Quand un vent de nord accompagne,
A pleine voile on gagne chemin,
En marécages et campagnes
Droit au port du Pont-à-Vendin,
Où on décharge les ballots,
Allant venant de France,
Et du savon par quartelots,
Pour Arras tout s'avance.

Pour monter la barque on se presse
Et pour descendre également,
On perd, on gagne des maîtresses,
Causé par le grand changement ;
Aussi l'on change de chevaux,
Trottant sur la carrière,
Lesquels étant frais et nouveaux,
L'on vogue vers Courrière.

On voit le beau bassin sans fourbe,
Car c'est un travail bien adroit,
Où passent les meilleures tourbes
Pour Lille et pour autres endroits,
L'écluse répond au canal
D'Arne et sa dépendance,
Qu'on a fait avec bien du mal,
Pour aller droit à Lens.

Arrivant dans les hautes dunes,
Nous avons passé la batterie
Et les pilliers de l'infortune,
Qu'on nomme justice d'Oignies,
Passant d'Arponlieu le Château,
Belle vue pour la campagne,
Nous arrivâmes au Pont-à-Saulx,
Dans les hautes montagnes.

Baissant le mât, la voile on trousse,
Passâmes le pont hardiment,
L'on voit des fontaines d'eau douce ;
Grand secours pour les habitans !
Les matelots, comme un éclair,
Sautent en bas, se détachent,
Se munissent d'eau et de terre
Propres à ôter les tâches.

Ayant passé de façon belle,
La planche de Noyelles-Godeau,
Delà la planche de Courcelles,
Où les monts ne sont plus si hauts,
Puis au pont d'Auby hardiment,
Ce passage ressemble,
Il va du levant au couchant,
C'est comme un pont qui tremble.

Quelqu'un nous barbotant des lè-
vres,
Vois-tu là haut sur ces buissons?
C'est le pays de Mons-en-Pévèle,
Où les fromages sont si bons.
On voit Ribaucourt et ses murs,
Regardant sur sa droite,
Là où est la manufacture
A faire des allumettes.

Ne faut oublier les merveilles
Qu'on voit près du pont d'Origny,
D'une rivière sans pareille
Qui prend son cours près de Cuincy,
Prenant son cours et son ruisseau
Par Planque et Wagnonville,
Ayant passé près du château,
Vint au canal de Lille.

On en doit remplir un recueil;
Car c'est un travail bien savant,
La rivière passe sous la Deûle
Où vogue notre bâtiment,
D'un grand marais prend le che-
min,
Dans la plaine chemine,
Pour faire tourner les moulins
De ces Dames de Flines.

Puis nous voguâmes au fort de
    Scarpe,
Là où on change de rivière,
La Deûle tombe dans la Scarpe ;
C'est tout comme un reflux de mer ;
C'est là qu'on rencontre marée
Du Fort au Mariage;
Là où nous avons espéré
De finir le voyage.

Par-là des compagnons tous sau-
    tent,
Prenant chacun des avirons,
Pour assister nos deux pilotes,
En grande peine nous arrivons
Sur la cabane du rempart,
Nos mariniers habiles,
Criant, descendez, prenez garde,
Nous voilà sous la grille.

Pour voir arriver le navire,
Cent personnes se trouvent au port,
On n'entend que crier et dire :
Jacques est-il là ? Jean est-il mort ?
L'un crie mon père; l'autre mon
    fils ;
L'autre crie Isabelle ;

Quelqu'un pleure et l'autre rit ;
Tous selon les nouvelles.

Enfin nous mîmes pied à terre
Dans Douai la première fois,
Beaucoup de gens de plusieurs terres
Nous avons vu en cet endroit.
Les Anglais disoient *Audidoux*,
Les Italiens *Que nove*;
Les Liégeois disoient *Estifoux*,
Les Flamands *Goudenauve*.

Plus légers que du bois de Liége,
Fûmes trois jours pour visiter
Tous les Séminaires et Collèges,
Et les autres curiosités
Que l'on peut voir dedans Douai,
Car il est bon d'apprendre ;
Nous fûmes aussi voir le Palais
Du Parlement de Flandre.

(61)

N.º 2.

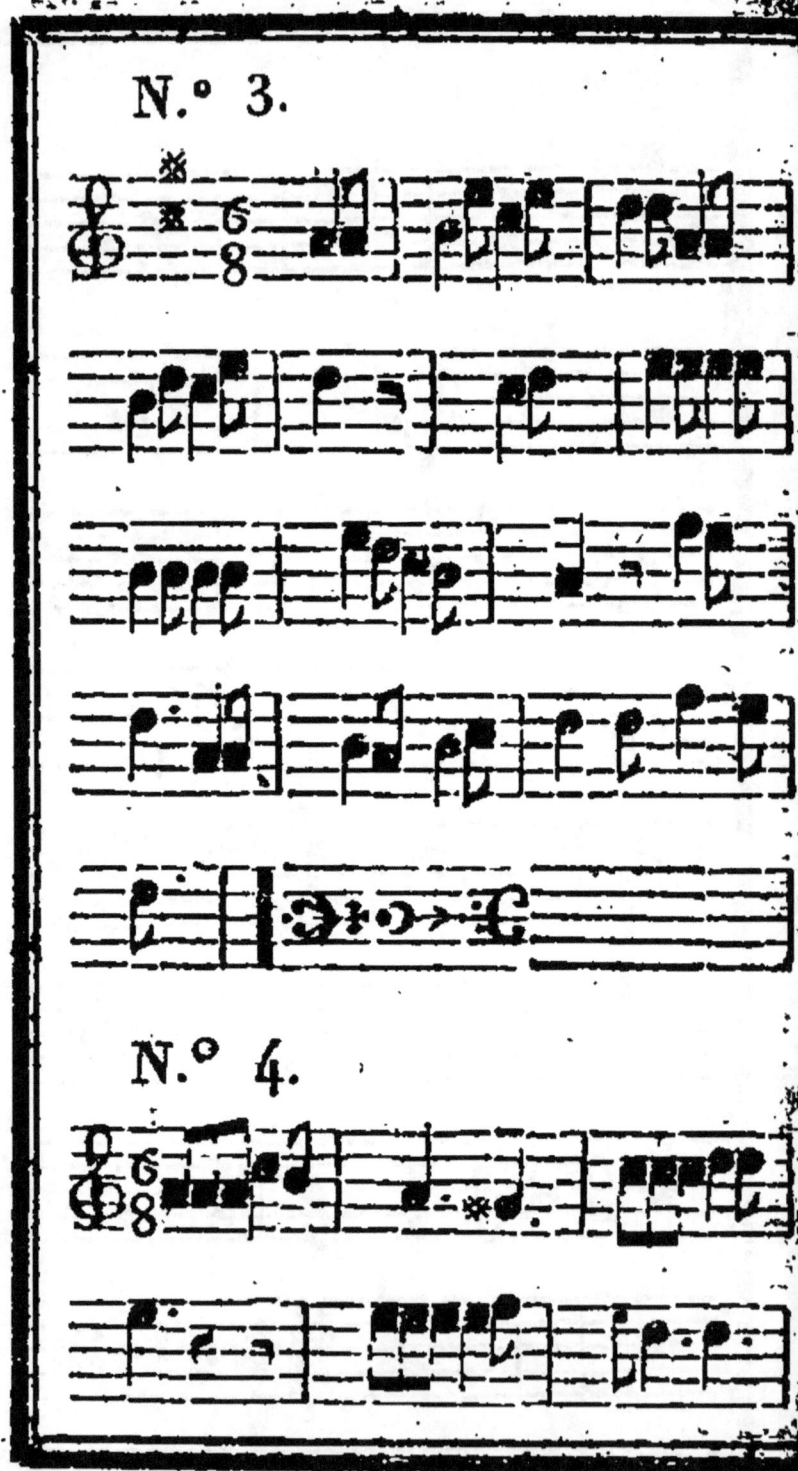

(64)

www.ingramcontent.com/pod-product-compliance
Lightning Source LLC
LaVergne TN
LVHW021740080426
835510LV00010B/1307